HENRI ALAVOINE

LE

MATRICULE 1313!

COMÉDIE EN UN ACTE

Prix: UN Franc

PARIS

BARBRÉ, ÉDITEUR

12, BOULEVARD SAINT-MARTIN, 12

—

1894

LE MATRICULE 1313!

Représentée à Paris le 12 octobre 1894, au concert de l' « Époque. »

Direction : A. Meyronnet

ÉMILE COLIN — IMPRIMERIE DE LAGNY

HENRI ALAVOINE

LE

MATRICULE 1313!

COMÉDIE EN UN ACTE

PARIS

BARBRÉ, ÉDITEUR

12, BOULEVARD SAINT-MARTIN, 12

1894

PERSONNAGES

BOISROSIER, négociant . . . . MM. Delphin.
BICAN, — . . . . Claudius.
GÉDÉON, trompette aux dragons. . . . . Dranem.
ANITA. . . . . Mme Flo-Berthy.
TONTON . . . . Debernay.

LE MATRICULE 1313!

Un petit salon, celui d'Anita. — A droite, un canapé. — A gauche, un guéridon, quelques fauteuils, chaises, etc., complètent l'ameublement. — Trois portes, une à droite, une à gauche et une au fond.

SCÈNE PREMIÈRE

ANITA ET TONTON

ANITA, *s'apprêtant à sortir.*
Il est bien entendu Tonton, que je ne rentrerai que ce soir assez tard.

TONTON
C'est compris, madame.

ANITA
Ah ! je crois avoir dit à Boisrosier et à Bican de venir aujourd'hui ; tu leur diras de repasser un autre jour.

TONTON
Madame ne craint pas qu'ils se fâchent ?

ANITA
Se fâcher ! Tu les connais bien mal. Il est nécessaire

que je leur manque de parole, car depuis quelque
temps ils me paraissent joliment se faire tirer l'oreille.
Ne m'ont-ils pas promis l'un un éventail de prix, l'autre
une parure de chez Fontana. Mais comme sœur Anne
je ne vois rien venir... Oh ! je sais bien qu'avec un peu
de patience j'aurai ces objets : les hommes sont si
faibles ! Il s'agit de savoir les prendre, voilà tout.

TONTON

C'est cependant vrai.

ANITA, *achevant sa toilette.*

Là. Voilà qui est fait.

TONTON

Madame veut-elle que je l'accompagne jusqu'à la
gare ?

ANITA

C'est inutile. A ce soir ! (*Elle sort.*)

SCÈNE II

TONTON, *seule.*

Partie ! A la campagne. Est-elle heureuse ! Et in-
souciante donc ! Comme elle se moque de ses amou-
reux ! Il faut dire aussi qu'ils sont bien bêtes ; mon
Dieu qu'ils le sont !... Enfin c'est leur affaire... Ah ! ce
n'est pas Gédéon qui endurerait cela ! J'ai joliment
bien fait de lui dire de venir aujourd'hui... oui, mais
viendra-t-il ?... C'est pas sûr, puisqu'il est toujours à
la boîte ce brigand-là ! (*On frappe doucement à la
porte.*) C'est lui ! Je reconnais sa façon de frapper.
(*Elle va ouvrir.*)

SCÈNE III

LA MÊME, ET GÉDÉON

GÉDÉON, *saluant militairement en entrant.*
Salut à vous divine Tonton !
TONTON
Imprudent ! Et si ma maîtresse était là ?
GÉDÉON
Gédéon est plus finaud que cela, il a guetté sa sortie.
TONTON
Vous l'avez vue ?
GÉDÉON
Se dirigeant vers la gare. Aussi je me suis dit : Tonton est seule, ma place est près d'elle. D'ailleurs l'hésitation convient mal aux militaires... (*Il cherche à l'embrasser.*)
TONTON, *se défendant.*
Finissez Gédéon !
GÉDÉON, *continuant.*
... Quand ils sont devant une place forte, ils en font le siège, jusqu'au moment où elle capistule... (*Il parvient à l'embrasser.*)
TONTON
Quel libertin ! vous restez à dîner ?
GÉDÉON
J'crois bien !... (*Il retire son casque qu'il place sur le canapé.*)
TONTON
Et si ma maîtresse allait rentrer ?
GÉDÉON
Vous me cacheriez dans la cuisine.. (*Il retire son ceinturon qu'il place sur un fauteuil.*)

TONTON

Gourmand ! Justement je vous ai ménagé une surprise.

GÉDÉON

Une surprise ! Et laquelle ?

TONTON

Devinez.

GÉDÉON

Dame... Un bœuf à la mode ?

TONTON

Mieux que cela.

GÉDÉON

Bigre ! Un chou farci ?

TONTON

Non plus.

GÉDÉON

Ma foi, je jette ma langue aux chats !

TONTON

Des canetons à la Gortschakoff !

GÉDÉON

Des cartons à la... machinaskoff ! Cristi, que ce doit être bon !

TONTON

Ah ! dame oui. C'est plus fameux que la gamelle.

GÉDÉON

Tonton, vous avez un cœur d'or... (*On frappe.*)

TONTON

Mon Dieu ! qui vient là ? Vite sauvez-vous ! (*Elle le pousse vers la porte de droite.*)

GÉDÉON

A la cuisine, ça me va. Je vais soigner les cartons à la... machinaskoff ! (*Il entre à droite. Elle ouvre à Boisrosier.*)

SCÈNE IV

TONTON ET BOISROSIER

TONTON

Tiens, monsieur Boisrosier !

BOISROSIER

Oui. Bonjour petite. Ta maîtresse est-elle là ?

TONTON

Partie à la campagne, et ne rentrera que ce soir assez tard.

BOISROSIER, *avec humeur.*

Assez tard ! Mais il était entendu que je viendrais
cette après-midi !... Qu'est-ce que cela veut dire ?...
C'est bien amusant, voilà déjà deux fois qu'elle me
joue ce tour !... Ah ! mais... je vais lui écrire un mot.
Laisse-moi. (*Elle entre à droite.*)

SCÈNE V

BOISROSIER, *seul et soucieux.*

Elle me paraît souvent sortie depuis quelque temps,
et si j'étais jaloux je supposerais... Allons, quelle
folie ! Cette femme-là m'adore et je suis un sot, un niais
de penser qu'elle est capable de me tromper. Ah ! que
nous voilà tous bien ! Il suffit que nous fassions quelques menus cadeaux à une femme pour nous figurer
qu'elle se trouve dans l'obligation de nous tromper !
Qu'elle doit être notre esclave ! Non ! non, non ! Cent
fois non ! Anita est incapable de se moquer de moi ; ne
me l'a-t-elle pas assuré bien des fois ?... Aussi j'ai eu
tort de douter un instant d'elle, et pour me réconcilier

avec ma conscience égarée un moment, je veux lui
apporter dès demain cet éventail que je lui ai promis,
et qu'elle n'a même pas l'idée de me réclamer, pauvre
petite chatte !... Oui, mais huit cents francs, c'est un
peu cher !... Bah ! Il pourrait m'arriver de dépenser
cette somme plus mal à propos ! (*On frappe.*) Qu'est-
ce ? (*Il va ouvrir.*)

SCÈNE VI

LE MÊME, ET BICAN

BOISROSIER, *très surpris.*
Bican, ici !
BICAN, *également surpris.*
Quelle surprise ! Ce cher Boisrosier. (*Ils se serrent
la main.*)
BOISROSIER
Comment se fait-il ? Par quel hasard ?
BICAN, *avec embarras.*
Mais... toi-même ?
BOISROSIER, *de même.*
Moi ?... Oh ! C'est bien simple, je suis venu dire un
petit bonjour à... une amie.
BICAN
Tout comme moi, alors.
BOISROSIER
Tu connais donc Anita ?
BICAN, *avec vivacité.*
Je crois bien ! C'est-à-dire que je suis en simple ami-
tié avec elle.
BOISROSIER
Moi de même. (*A part.*) Tiens, tiens, cela me paraît
louche !

BICAN, *à part.*

Comment se fait-il qu'il ne m'ait jamais soufflé mot d'elle ?

BOISROSIER, *haut.*

Voilà au moins une singulière rencontre.

BICAN

En effet, c'est assez bizarre.

BOISROSIER

Et... les affaires ?

BICAN

Très satisfaisantes. Mes mines, tu sais, mes fameuses mines de sandwichs, elles vont très bien.

BOISROSIER

Tant mieux. Je me disais aussi : il a bonne mine.

BICAN, *lui tapant sur le ventre.*

Farceur, va. Et toi, ton commerce de bouchons ?

BOISROSIER

Ça bouchonne, ça bouchonne.

BICAN

Il est d'un léger !... (*Ils rient tous deux, puis restent embarrassés.*)

BOISROSIER, *à part.*

Il me paraît bien embarrassé, de plus en plus louche !

BICAN, *même jeu.*

Ma présence semble le gêner ; ce n'est pas clair !

BOISROSIER, *haut.*

Et tu venais, m'as-tu dit, pour dire un petit bonjour à... notre amie ?

BICAN

Mon Dieu oui, en passant.

BOISROSIER

Eh bien ! mon cher, tu n'auras pas cette satisfaction aujourd'hui, car elle est à la campagne...

BICAN, *tout surpris.*

Bah !

BOISROSIER

... Et ne reviendra que ce soir assez tard, m'a dit sa bonne.

BICAN, *à part.*

Cependant il était bien convenu avec elle !... C'est cela, me voilà encore jaloux ! (*Haut.*) Eh bien, ma foi tant pis ! Nous en serons quittes pour présenter nos respects une autre fois à cette charmante veuve.

BOISROSIER

C'est cependant vrai qu'elle est veuve ! Quel dommage : si jeune !

BICAN

Ah ! Elle est bien vertueuse !

BOIROSIER

Oui, bien méritoire !

BICAN

Un peu farouche même.

BOISROSIER

C'est l'inconvénient de la vertu.

BICAN

Son mari devait être bien heureux.

BOISROSIER

Ah ! Ce n'est pas celle-là qui se moquerait d'un homme !

BICAN

Oh ! jamais ! Celui à qui elle confiera son cœur...

BOISROSIER

... Sera bien sûr d'elle.

BICAN

C'est mon avis.

BOISROSIER

Quant à moi, je la croirais assez difficile.

BICAN

Ma foi, elle a raison, elle en a le droit.

BOISROSIER

Tout le monde ne saurait lui convenir, c'est certain.

BICAN, *se dandinant.*

Entre nous, celui qui la vaincra pourra se flatter d'être un gaillard bien doué.

BOISROSIER, *même jeu que Bican.*

C'est absolument vrai !

BICAN

Et puis, comme elle supporte son veuvage avec résignation. Quel courage !

BOISROSIER, *s'attendrissant.*

Quelle grandeur d'âme !

BICAN, *même jeu que Boisrosier.*

Pauvre petite femme !

BOISROSIER

Elle m'afflige, elle... (*Il s'arrête brusquement en apercevant le casque de Gédéon.*)

BICAN

Moi j'avoue que... (*Il aperçoit le ceinturon; très surpris et à part.*) Qu'est-ce que c'est que cela ?

BOISROSIER, *même jeu que Bican.*

Un casque !

BICAN, *même jeu.*

Mais c'est une arme de militaire !

BOISROSIER, *même jeu.*

La coiffure d'un soldat !

BICAN, *même jeu.*

J'ai peur de comprendre !

BOISROSIER, *même jeu.*

Je crains trop de saisir !

BICAN, *même jeu, et désignant la chambre d'Anita.*

Aucun doute, ce voyage... oui, c'est cela ! Elle est aux grandes manœuvres !

BOISROSIER, *même jeu.*

Je comprends ; Benoît que je suis ! Elle est là, ou plutôt ils sont là ! (*Il désigne la chambre d'Anita.*)

BICAN, *même jeu.*

Je n'en reviens pas ! N'ayons l'air de rien.

BOISROSIER, *même jeu.*

Soyons finaud, ne laissons rien voir, j'ai mon idée. (*Ils se rapprochent tous les deux à portée de main, l'un du casque, l'autre du ceinturon et de façon à se les cacher.*)

BICAN, *haut.*

Après tout, nous avons peut-être tort de nous affliger ainsi, il se peut qu'elle ait quelques défauts ; qui n'a pas les siens ! (*Il saisit le ceinturon et le cache sous son paletot.*)

BOISROSIER, *haut et cherchant à dissimuler le casque derrière lui, sous les basques de son paletot.*

Au fait, c'est bien possible ! Des vices peut-être ! qui sait ! Les femmes ont tant de talent à dissimuler !

BICAN

C'est vrai. Ce cher Boisrosier ! comme je suis heureux de l'avoir rencontré. L'occasion peut se représenter !...

BOISROSIER

Heu !... j'en doute fort ! Mes... visites vont... devenir plus rares.

BICAN

Ah ! Pourquoi donc ?

BOISROSIER

Ma foi, il y a déjà longtemps que j'aurais dû cesser

de venir ; une femme seule, tu sais... cela fait courir les langues.

BICAN

Oui. C'est ce que je me suis dit aussi, il faudra décidément que je cesse de voir madame Anita ; à la longue, cette simple amitié pourrait m'occasionner des désagréments : le monde est si méchant !... (*A part.*) Eclipsons-nous, mais je reviendrai les pincer ! (*Il jette un regard vers la chambre d'Anita.*)

BOISROSIER

Il n'a pas l'air de s'en aller, si j'essayais de l'emmener. (*Haut.*) Ma foi, mon ami, si la maîtresse de céans est absente, il ne nous reste qu'à nous retirer.

BICAN

Tu as raison. (*A part.*) Ah ! à présent il lui faudrait de l'audace pour nier !

BOISROSIER, *à part.*

Je tiens donc une preuve à conviction ! (*Haut.*) Allons, mon cher ! (*Il lui prend le bras pour sortir. On aperçoit au bas de leurs paletots le bout du sabre et la crinière du casque qui dépassent. Bican s'embarrasse le bout du sabre dans les jambes en sortant.*)

SCÈNE VII

TONTON, *puis* GÉDÉON

TONTON

Eh bien ? plus personne ? Il est parti ; c'est ce qu'il avait de mieux à faire. (*Elle rit.*) C'est égal, il n'avait pas l'air content tout de même !

GÉDÉON, *passant sa tête par la porte entr'ouverte.*
Peut-on entrer ?

TONTON

Mais oui. Il est parti, et j'espère bien que vous allez en faire autant.

GÉDÉON

Déjà ? Mais, belle Tonton, j'ai encore une bonne heure devant moi.

TONTON

Il faut vite vous sauver, je crains que ma maîtresse ne rentre.

GÉDÉON

Puisqu'elle doit ne revenir qu'assez tard !

TONTON

Ça ne fait rien ! Voyons, Gédéon, soyez raisonnable, si vous aimez les canetons.

GÉDÉON

Vous avez raison. Je les adore, et je ne voudrais pas pour tout au monde en être sevré, surtout arrangés par cette jolie menotte. (*Il lui prend une main qu'il baise.*)

TONTON

Sauvez-vous !

GÉDÉON, *après un soupir.*

Puisqu'il le faut. (*Il cherche.*) Où donc ai-je mis mon sabre et mon casque ?... Il me semblait les avoir déposés sur ces meubles en entrant.

TONTON

Certainement. (*Elle cherche aussi.*)

GÉDÉON

Les auriez-vous enlevés ?

TONTON

Moi ! Pas du tout !

GÉDÉON, *avec inquiétude.*

Mais alors... où sont-ils donc ?

TONTON, *cherchant partout.*

C'est fort drôle, je ne vois rien !

GÉDÉON

Ah ! mais non ! Ce n'est pas drôle ! Est-ce que vous les auriez enlevés pour les mettre à la machinoskoff aussi ?

TONTON

A moins que dans cette chambre... Je vais voir. (*Elle entre à gauche.*)

GÉDÉON

Peut-être la rusée les a-t-elle cachés pour m'empêcher de partir, hé, hé !...

TONTON, *revenant.*

Rien ! C'est curieux tout de même !

GÉDÉON

Alors, Tonton, je reste jusqu'à ce que vous les ayez retrouvés... (*Il lui pince la taille.*) et je gage que cela ne vous déplaira pas, hein !

TONTON

N'y songez pas ! Et d'abord vous seriez puni.

GÉDÉON

Vous me récompenserez !

TONTON

Pas du tout ! Il faut filer et bien vite !

GÉDÉON

Filer !... Vous êtes charmante, je ne puis pas rentrer sans casque et sans armes. Et la boîte, donc !

TONTON

Il le faudra cependant bien.

GÉDÉON

Mais je passerai en conseil !

TONTON

Ah ! mon Dieu ! Quelle transe ! Si ma maîtresse arrivait !... (*On frappe.*) C'est elle ! Vite à la cuisine ! (*Elle le pousse vers la porte de droite.*)

GÉDÉON

Comment, encore ! Mais pardon, il faut que...

TONTON

Vite, vite ! Pas de réplique !

GÉDÉON

C'est la boîte !

TONTON

Puisque vous en avez l'habitude ! (*Elle le pousse et referme la porte. On frappe à nouveau.*) On y va !

GÉDÉON, *entr'ouvrant la porte.*

Mais c'est la boîte ! (*Elle va ouvrir.*)

SCÈNE VIII

TONTON et LOISROSIER

BOISROSIER. *Il entre avec précipitation, et court de suite à la chambre d'Anita, puis revient. Il a le casque sous son paletot.*

Partis ! Plus personne ! (*Il saisit le bras de Tonton.*) Ah ! Tu vas tout dire, toi !

TONTON

Aïe ! Doucement, vous me faites mal !

BOISROSIER, *furieux ; il arpente la scène en entraînant Tonton.*

Un homme est entré ici, le matricule 1313 ! Chiffre doublement fatidique !

TONTON

Eh quoi ?... Vous savez ?

BOISROSIER

Le malheureux ! Son nom ?... Son nom, te dis-je, il me le faut !

TONTON

Aïe ! Il s'appelle Gédéon !

BOISROSIER

Gédéon !... Ainsi c'est avec Gédéon !... Quel grade a-t-il ?

TONTON

Trompette aux dragons.

BOISROSIER

Trompette !... La malheureuse ! Préférer cette trompette à la mienne !... Il va falloir qu'il se batte avec moi !

TONTON

Mon Dieu !

BOISROSIER

Et je le tuerai comme un chien !

TONTON

Pauvre Gédéon !

BOISROSIER

Ah ! tu le plains, toi ?

TONTON

Mais sans doute ! Que vous a-t-il donc fait ?

BOISROSIER

Ce qu'il m'a fait ! Tu oses me le demander !... Mais il m'a offensé, ravi ma tranquillité, ma maîtresse !...

TONTON, *à part.*

Sa maîtresse ?

BOISROSIER

... Et la tienne !

TONTON

Et la mienne ?... Si j'y comprends quelque chose.

BOISROSIER

Ah ! Anita ! C'est cruel ! Me trompetter... non, me tromper pour cette trompette ! Je ne sais plus ce que

je dis ! (*Il met le casque sur sa tête, les crins devant.*)
Je ne vois plus clair !

TONTON, *à part.*

Il est fou !

BOISROSIER

Et moi qui allais bêtement lui offrir cet éventail de
prix !... (*Il jette avec colère le casque sur le canapé.*)
Ah ! ce n'est plus sa coiffure qu'il me faut ! C'est sa
poire ! Ou plutôt non, sa tête !

TONTON, *se précipitant dessus.*

Le casque !

BOISROSIER

C'est tout ce que je voulais savoir, adieu ! (*Il se
dirige vers la porte du fond.*)

TONTON

Mais, monsieur Boisrosier ?...

BOISROSIER

Oh ! je le trouverai bien. Matricule 1313 ! adieu ! (*Il
sort en frappant la porte.*)

SCÈNE IX

TONTON, *seule.*

Après tout, qu'est-ce que cela peut bien lui faire,
que Gédéon soit mon ami, à ce vieux saltimbanque !...
Il dit qu'il veut se battre avec lui, par exemple !... Et
d'abord, pourquoi s'est-il permis d'emporter son
casque ?... En voilà un original !... Ce pauvre Gédéon !... je vais lui porter sa coiffure, je gage qu'il a
retrouvé son ceinturon dans quelque coin de la cuisine.
(*Elle va pour entrer à droite, quand on frappe.*) Bon !
Qui vient encore ? (*Elle met le casque dans son tablier
et va ouvrir.*)

SCÈNE X

LA MÊME, BICAN. *Il entre furieux, tenant le sabre sous son paletot, et se précipite dans la chambre d'Anita.*

TONTON

Eh bien ! Qu'est-ce qu'il a encore celui-là ?

BICAN, *revenant, furieux.*

Rien ! Plus rien ! Éclipsés ! (*Il saisit le poignet de Tonton, même jeu que Boisrosier.*) Ah ! Tontaine ! Tonton, tu es au courant, toi !

TONTON

Aïe !... Mais pas du tout !

BICAN

Il y avait un militaire ici tout à l'heure ?

TONTON

Eh ! oui ! il y en avait un. Et après ?

BICAN

Matricule 1313 ! Du reste, il n'y a pas à le nier. (*Il l'entraîne, et en arpentant la scène, elle laisse échapper le casque; lui se précipite, le ramasse et regarde à l'intérieur.*) Son casque, sans doute !... 1313 ! C'est bien cela. Tu dois savoir son nom ?

TONTON

Si je le sais ! Certainement que je le sais. C'est assez naturel !

BICAN

Ah ! Tu trouves cela naturel, toi ?

TONTON

Mais... vous me faites mal !

BICAN

Il me faut son nom !

TONTON

Il se nomme Gé... Gédéon !

BICAN

Gédéon ! Qu'est-ce que c'est que cela ?

TONTON

Qu'est-ce que c'est que cela ! Ah ! mais, c'est un rude gas, allez !

BICAN

Est-ce un colonel ? un général ?

TONTON

Pas du tout, il est trompette.

BICAN

Trompette ! (*Navré.*) Ah !... quel deuil pour mon amour-propre !... Enfin qu'importe ! Son logis, sa caserne ?

TONTON

Ah ! mais vous m'ennuyez à la fin !

BICAN

Je comprends, tu as reçu l'ordre d'être discrète. Sois tranquille, je le trouverai bien tout de même, car j'ai son matricule : 1313. Quant à elle, voici qui enrichira sa panoplie ! (*Il jette sur le canapé le sabre de Gédéon.*)

TONTON

Son sabre !

BICAN

Et lui, je vais l'occir.

TONTON

Mon Dieu ! Lui aussi !

BICAN

Quand je pense que j'allais avoir la faiblesse d'acheter cette parure !... Oui, oui, je t'en donnerai des parures !

TONTON

Il est fou aussi. Si je lui demandais... (*Haut.*) Dites donc, monsieur Bican ?

BICAN

Quoi !

TONTON

Tout à l'heure ne disiez-vous pas...

BICAN

Je disais, je disais... je ne sais plus ce que je disais.

TONTON

Cependant, vous parliez de Gédéon...

BICAN, *la saisissant par le poignet.*

Assez !... Ne prononce plus jamais ce nom horrible devant moi !

TONTON

Mais...

BICAN

Adieu !... (*Il sort en frappant la porte.*)

SCÈNE XI

TONTON, *puis* GÉDÉON

TONTON

Au diable, si tu veux ! Que la peste les emporte ! Je veux être damnée si j'y comprends quelque chose.

GÉDÉON, *entrant avec discrétion.*

Seule ?

TONTON

Mais oui, arrivez vite. (*Il entre.*)

GÉDÉON

Je n'ai rien retrouvé.

TONTON

Plus d'inquiétude, j'ai tout retrouvé, moi.

GÉDÉON

Pas possible ! Où diable étaient-ils donc ?

TONTON

Figurez-vous qu'ils avaient été emportés par des amis de la maison.

GÉDÉON

C'est invraisemblable !

TONTON

Vrai comme je vous le dis.

GÉDÉON

Une charge de pékins civils, alors

TONTON

Ça, je n'en sais rien ; impossible de rien y comprendre, ils étaient comme des fous !

GÉDÉON

Enfin, l'essentiel, c'est de les avoir retrouvés. Mais maintenant l'heure est passée et je vais être puni.

TONTON

Sauvez-vous vite.

GÉDÉON

Au revoir, belle Tonton !... (*Il l'embrasse.*) C'est égal, j'en suis pour mes huit jours de clou, c'est sûr ! (*Il sort, puis revenant.*) Dites donc, je réfléchis, comme j'pourrais en avoir pour quinze jours, vous comprenez... (*Il l'embrasse à nouveau.*) Au revoir. (*Il sort.*)

SCÈNE XII

TONTON, *seule.*

Je respire, me voilà rassurée. Quant à ce pauvre Gédéon il va bien certainement recevoir la visite de ces deux fous-là ! Oh ! il aura bien vite fait de les expédier ! D'ailleurs que peuvent-ils lui vouloir ? Sûrement ils ont un grain, j'ai même eu un peu peur d'eux un moment. (*Anita paraît au fond.*)

SCÈNE XIII

La Même, ANITA

TONTON, *surprise.*

Madame ! (*A part.*) Il était temps !

ANITA

Oui, c'est moi, je reviens un peu vite. Un malaise subit m'a prise, et ma foi je ne suis pas fâchée d'être rentrée. (*Elle retire son chapeau.*)

TONTON

Si madame désire quelques soins ?

ANITA

C'est inutile. (*Elle s'assied.*) Cela ne sera rien. Je me sens déjà beaucoup mieux. Dis-moi. Est-il venu quelqu'un pendant mon absence ?

TONTON

Messieurs Boisrosier et Bican.

ANITA

Ah ! Ils sont venus. Ils doivent être furieux, n'est-ce pas ?

TONTON

En effet, très furieux même.

ANITA

Je comprends cela.

TONTON

Ils sont partis comme s'ils ne devaient plus jamais revenir.

ANITA

Ah ! ah ! ah ! Plus avant demain.

TONTON

Cependant, madame...

ANITA

Ecoute. Ce n'est pas sans intention que je me suis absentée aujourd'hui. Tu sais ce qu'ils m'ont promis. Eh bien ! Sois persuadée qu'avant vingt-quatre heures j'aurai mon éventail et ma parure.

TONTON

Madame a plus d'expérience que moi.

ANITA

Eh ! oui ! Ils viendront me les offrir humblement, trop heureux encore que je consente à les recevoir... (*Tonton hoche la tête d'un air incrédule.*) Tu les as vus partir fort en colère, dis-tu. Tu les verras revenir avec la douceur d'agneaux.

TONTON

Je serai bien surprise.

ANITA

Tu doutes ? (*On frappe.*) Tiens, voilà qui va te convaincre, je reconnais la façon de frapper de Boisrosier. Va ouvrir. (*Tonton va ouvrir et introduit Boisrosier.*)

SCÈNE XIV

Les Mêmes, BOISROSIER

BOISROSIER, *entrant doucement et l'air contrit. — (A part.)*

Elle est là !

ANITA

C'est ce cher Boisrosier ! Mais qu'avez-vous donc ?
Vous avez comme peur d'approcher. On dirait ma parole, que vous venez de commettre une mauvaise ac-
tion.

BOISROSIER

Hélas ! Il y a bien quelque chose comme cela.

ANITA

Bah ! Vous m'affligez. Contez-moi cela.

BOISROSIER, *s'asseyant près d'elle.*

Oui, quand vous saurez...

ANITA

Oh ! comme cela paraît grave !

BOISROSIER

Très grave ! Mais que voulez-vous l'homme est ainsi
fait. N'y a-t-il pas toujours en lui un peu du despote
et du tyran !

ANITA

Allons, pas mal !

BOISROSIER

Tenez ! j'ai un pardon à vous demander.

ANITA

A moi ?

BOISROSIER

Oui ! chère Anita, car j'ai commis le crime de douter un instant de vous.

ANITA

Vraiment ? Cela s'appelle de la franchise, au moins.

BOISROSIER

Ah! Croyez bien que les apparences, quelquefois...

ANITA

Au fait, s'il vous plaît !

TONTON, *à part.*

Je suis pincée, il va tout dire !

BOISROSIER

Pendant votre absence je suis venu comme il était convenu entre nous, et la première chose que j'ai aperçue... là ! sur ce meuble ! fut...

ANITA

Quoi donc ?

BOISROSIER

Un casque de dragon.

ANITA

Un casque !

BOISROSIER

Oui. Vous comprenez si ce casque m'a monté à la tête ! Alors, j'ai osé croire un moment...

ANITA

Que j'étais en tête-à-tête avec un dragon !... C'est fort aimable.

BOISROSIER

Oui, mais grâce au matricule qui était à l'intérieur, je viens de retrouver le possesseur de cette coiffure, et j'ai pu me convaincre qu'il ne s'agissait nullement de vous.

ANITA

C'est heureux. Mais alors ?...

BOISROSIER, *regardant Tonton qui baisse les yeux.*

Il s'agissait d'une personne ici présente.

ANITA

Bah ! Serait-ce Tonton ?

TONTON

Que madame me pardonne cette visite d'un cousin...

ANITA

... Dont tu ne m'as jamais parlé ; mais je te pardonne volontiers, ma pauvre Tonton. (*Elle rit.*)

BOISROSIER

Alors je n'ai fait qu'un bond jusqu'ici, pour implorer, moi aussi, votre pardon.

ANITA

Oh ! mais vous... cela demande réflexion. Comme vous y allez !

BOISROSIER

Et vous offrir enfin cet éventail qui vous faisait tant envie... (*Il tire de sa poche un écrin dans lequel est un éventail, et le lui offre.*)

ANITA, *ouvrant l'écrin.*

En vérité, je ne sais si je dois accepter, car maintenant...

BOISROSIER, *il s'agenouille à ses pieds.*

Je vous en prie, vous me désobligeriez beaucoup.

ANITA

.. Allons ! je ne suis pas rancunière, je tâcherai d'oublier. N'est-ce pas là notre faible à nous autres pauvres femmes de savoir pardonner. (*Elle échange un coup d'œil avec Tonton.*)

BOISROSIER

Vous êtes un ange !... (*On frappe.*)

ANITA

Il me semble qu'on a frappé.

TONTON

Oui, madame.

BOISROSIER, *se levant.*

Est-ce que je vous gêne ?

ANITA

Pas du tout, restez donc ! (*Elle regarde Tonton d'un air significatif.*) La visite d'un ami sans doute. (*Tonton va ouvrir.*)

SCÈNE XV

LES MÊMES, BICAN. *Il avance lentement sans apercevoir tout d'abord Boisrosier.*

ANITA

Ne disais-je pas que c'était un ami !

BICAN, *s'inclinant devant elle.*

Madame... (*Apercevant Boisrosier qui a fait un geste d'humeur quand il est entré.*) Ce cher Boisrosier. (*Ils se serrent la main.*)

BOISROSIER, *à part.*

Ah ! mais, il m'agace le marchand de sandwichs !

BICAN, *à part.*

Encore Boisrosier ici.

ANITA, *avec surprise.*

Eh quoi ? Vous vous connaissez donc ?

BOISROSIER

Deux bons amis !

BICAN

Pour qui tout est commun.

BOISROSIER

C'est la vérité.

ANITA

Pas possible !... (*Elle rit.*) Voilà qui est bizarre au moins. (*A part.*) Singulier hasard !

BICAN

Comme on se rencontre. (*A part.*) J'ai vu Gédéon, il m'a raconté l'histoire. Etais-je assez fou ! (*Se rapprochant d'Anita et lui parlant à demi-voix.*) Je viens vous faire des excuses.

ANITA

Des excuses, et pourquoi ?

BICAN

Je vous dirai cela quand nous serons seuls.

ANITA

C'est donc bien grave ?

BICAN

Oui. Aussi, comme je veux et dois me réhabiliter, voici quelque chose qui pourra peut-être y contribuer faiblement. (*Il sort de sa poche un écrin.*) Mais j'y joindrai tous mes plus sincères regrets. Acceptez-les donc ! (*Il lui remet l'écrin.*)

ANITA, *après avoir ouvert l'écrin.*

Ah ! C'est superbe !

BICAN

N'est-ce pas ?

ANITA

Ma foi, je ne sais trop de quoi il s'agit, mais vous êtes trop galant homme pour que je ne vous accorde pas au moins à l'avance les circonstances atténuantes. (*Elle lui abandonne une main qu'il baise. Bas à Tonton.*) Eh bien ! que t'avais-je dit ?

TONTON

Je n'en reviens pas.

ANITA, *à Tonton.*

Dis-moi, j'ai bonne envie de les inviter tous deux à souper.

TONTON

C'est une idée.

ANITA

J'y songe, tu n'es pas excellente cuisinière; que nous feras-tu?

TONTON

Si madame veut, je lui ferai des canetons à la Gortschakoff !

ANITA

Oh ! voilà qui paraît succulent ! (*Elle rit.*) Est-ce mangeable, au moins ?

TONTON

J'en sais qui s'en sont léché les doigts.

ANITA

Va pour les canetons. (*Haut.*) Eh bien ! messieurs, puisque le hasard me procure l'agrément de la rencontre de deux amis chez moi, si je vous proposais un petit souper tous les trois, accepteriez-vous ?

BICAN ET BOIROSIER

De tout cœur ! (*Ils se regardent tous deux avec désappointement.*)

BICAN, *bas à Anita.*

Pourquoi l'inviter aussi ? J'aurais préféré que nous fussions seuls.

ANITA, *même jeu à Bican.*

Chut ! une autre fois; ne faut-il pas parfois subir la gêne des importuns!... Revenez demain, monstre adoré : nous serons seuls. (*Bican lui baise la main.*)

BOISROSIER, *bas à Anita.*

Il est très gênant ! Pourquoi ce trio où il ne devait y avoir qu'un duo ?

ANITA

Oh ! je ne puis le renvoyer, voyons, cela ferait très mauvais effet. Allons, vilain jaloux ! vous retrouverez ce duo...

BOISROSIER

Demain ?...

ANITA, *avec vivacité.*

Non, non, pas demain, mais après-demain. On tâchera de ne point vous faire regretter votre patience. (*Boisrosier lui baise la main.*)

BICAN, *à part, et en riant.*

C'est égal, ce pauvre Boisrosier est loin de se douter dans quels termes je suis ici.

BOISROSIER, *même jeu que Bican.*

Le plus plaisant, c'est que Bican ignore l'intimité de mes relations.

BICAN, *même jeu.*

Quand je pense que j'ai eu la bêtise de croire un moment... Fallait-il que je sois niais !... avec un physique semblable !

BOISROSIER, *même jeu.*

Et dire que j'ai été assez sot de croire un instant... construit comme je le suis. Grand bêta, va ! Tu ne mérites pas le bonheur que tu as !

ANITA, *bas à Tonton.*

Eh bien ! ma chère Tonton, j'espère que ceci te donnera plus d'expérience.

TONTON

Madame peut y compter. Me grondera-t-elle à l'avenir si je reçois quelquefois... mon cousin. (*Elle baisse les yeux.*)

ANITA

Non, je te le permets, à une condition cependant, (*elle sourit*), c'est qu'il conservera toujours son casque sur la tête.

TONTON, *en riant.*

La condition est un peu... dure. (*On frappe. — A part.*) Ciel ! on dirait Gédéon !

ANITA

Mais n'a-t-on pas frappé? (*La porte s'ouvre lentement et on aperçoit la tête de Gédéon.*)

SCENE XVI

LES MÊMES, GÉDÉON

GÉDÉON

Cou ! cou ! (*Il entre sans apercevoir Anita, Bican et Boisrosier.*)

ANITA

Un militaire !

BOISROSIER *et* BICAN, *à part.*

Le matricule 1313 !

TONTON, *très embarrassée et présentant Gédéon.*

Mon... cousin, madame, qui... vient me rendre visite. (*Bas à Gédéon.*) Maladroit !

ANITA, *riant.*

Ah ! ah ! ah ! deux fois le même jour ! Tonton, voilà un esprit de famille bien développé. Allons, il te donnera un coup de main pour ce soir.

TONTON

C'est ça, il plumera les canetons. (*Bas à Gedéon.*)
Pourquoi êtes-vous revenu ?

GÉDÉON

Pourquoi, parce que... j'ai la permission de vingt-
quatre heures ; faut bien ça pour plumer les cartons.
(*Il la lutine.*)

ANITA, *bas à Tonton.*

Un bon conseil Tonton, c'est de toujours laisser les
hommes casquer !

LE RIDEAU TOMBE

ÉMILE COLIN — IMPRIMERIE DE LAGNY

POÉSIES, MONOLOGUES ET SCÈNES COMIQUES

ÉMILE COLIN — IMP. DE LAGNY

9 782329 478715